Male den Fisch bunt. Male die Schuppen in verschiedenen Farben an.

Die Eule hat gelbe Augen. Die Federn sind braun und grün.

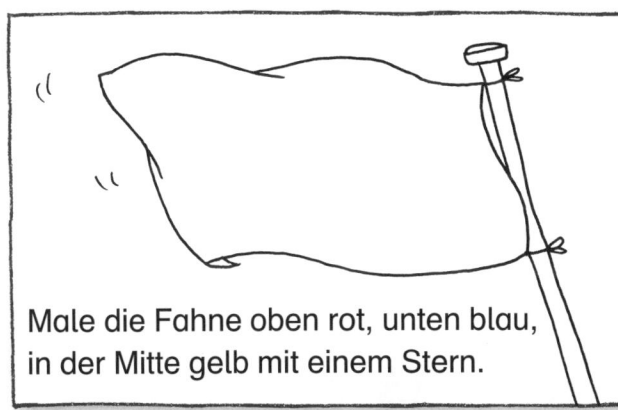

Male die Fahne oben rot, unten blau, in der Mitte gelb mit einem Stern.

Der Frosch streckt seine lange Zunge heraus. Er hat eine Fliege gefangen.

Richtig oder falsch?

	richtig	falsch
Jeden Morgen wird es hell.	◯	◯
Hunde und Katzen sprechen französisch.	◯	◯
Käfer haben genau so viele Beine wie Hunde.	◯	◯
Manche Kinder haben braune Augen.	◯	◯
Kühe haben Milch in ihrem Euter.	◯	◯
In den Ferien muss man zur Schule gehen.	◯	◯
Wasser kann kalt oder warm sein.	◯	◯
In der Nacht träumt man manchmal.	◯	◯

Lies genau und beantworte die Fragen.

Auf dem Sportplatz

Heute war die Klasse 2a auf dem Sportplatz.

Die Kinder haben Ballwerfen geübt.

Sarina hat am weitesten geworfen.

Danach sind die Kinder

noch um den Platz gelaufen.

Anton und Max kamen

genau gleichzeitig ins Ziel.

War die Klasse 2a heute in der Turnhalle? ○ ja ○ nein

Haben die Kinder Weitsprung geübt? ○ ja ○ nein

Welches Tier ist das?

Es hat große Zähne, lange Ohren und frisst gern Äpfel und Karotten.

Es ist groß und stark, lebt oft in Höhlen und mag gern Honig.

Es hat keine Beine und schlängelt sich schnell voran.

Streiche das falsche Wort durch.

Ein Auto hat vier ~~Rosinen~~ Räder .

Im Herbst ist es oft sehr windig wollig .

Jedes Haus hat eine Tafel Tür .

Im Baum ist ein Vogelnest mit fünf Eiern Eltern .

Eine Leiter Lehrerin ist in der Schulklasse.

Kinder spielen spülen gern mit einem Ball.

Hunde fressen gern Fleisch und Kuchen Knochen .

Viele Kinder machen gern Spurt Sport .

Lies genau und ...

Auf dem Bild ist ein Schiff mit vielen Fenstern.

Male die runden Fenster gelb.

Male die Fahne rot.

Male den mittleren Schornstein blau.

Das Meer soll auch blau sein.

Im Wasser schwimmen zwei graue Delfine.

Hinter dem Schiff ist noch ein kleineres Boot.

Es hat ein grünes Segel und eine rote Fahne.

Hoch am Himmel leuchtet gelb die Sonne.

... male das Bild weiter.

Lies genau und beantworte die Fragen.

Am Geburtstag

Leo hat Geburtstag. Die Lehrerin zündet eine Kerze an.

Die Kinder singen ein Lied für ihn.

Leo hat für alle etwas Süßes mitgebracht.

Er darf es zur Pause in der Klasse verteilen.

Dann darf sich Leo noch ein Spiel wünschen.

Was hat Leo den Kindern mitgebracht? _____

_____

Was durfte sich Leo wünschen? _____

_____

Richtig oder falsch?

	richtig	falsch
Fische können besser rechnen als Kinder.	◯	◯
Die Sonne ist größer als ein Luftballon.	◯	◯
Schokolade wird aus Apfelsaft gemacht.	◯	◯
Im Auto ist das Singen verboten.	◯	◯
In der ersten Klasse fallen dir Zähne aus.	◯	◯
Eine Tür kann man auf- und zumachen.	◯	◯
Im Meer schwimmen viele Luftschlangen.	◯	◯
Der Mond ist aus Käse.	◯	◯

Lies genau und ...

Auf dem Bild ist ein Hund zu sehen.

Neben dem Hund steht ein Mädchen.

Sie hat ein rotes Kleid und blaue Schuhe an.

Sie hält die Hundeleine in der Hand.

Ihr Bruder ist auch auf dem Bild.

Er hat eine grüne Hose an.

Am Himmel sind dicke graue Wolken.

Es regnet auch schon ein bisschen.

Das Mädchen hat einen Regenschirm.

... male das Bild weiter.

Was ist das?

Es ist ein Haustier. Es mag Salat, Karotten, Äpfel und Gurken. Du kannst es streicheln.

○ Vogel   ○ Maus   ○ Meerschweinchen

Mit ihr können manche Menschen besser sehen. Sie hat zwei Gläser und sitzt auf der Nase.

○ Brille   ○ Hose   ○ Mütze

Mit ihr macht man Musik. Man bläst in sie hinein. Sie ist aus Metall. Ihre Farbe sieht aus wie Gold.

○ Flöte   ○ Gitarre   ○ Trompete

Streiche das falsche Wort durch.

Morgens muss man sich die | Zähne | ~~Zunge~~ | putzen.

Bei Regenwetter braucht man einen | Schuft | Schirm | .

Jeden Morgen gehen die | Kinder | Rinder | in die Schule.

Unter einer Brücke fließt manchmal | Messer | Wasser | .

Vögel bauen ihr Nest auch aus | Glas | Gras | .

Die Kinder schreiben in der Schule in ein | Saft | Heft | .

Die Schulsachen sind in einer | Mappe | Pappe | .

Unser Essen legen wir auf einen | Keller | Teller | .

13

Lies genau und beantworte die Fragen.

In der Pause

In der Pause ist Esra gestolpert und hingefallen.

Ihr Knie blutet. Sie muss ein bisschen weinen.

Bella und Alex bringen Esra ins Klassenzimmer.

Die Lehrerin klebt ein Pflaster auf Esras Knie.

Nun ist es fast schon wieder gut.

Esra geht in die Klasse zurück.

Ist Esra in der Pause hingefallen? ○ ja ○ nein

Musste Esra zum Arzt gehen? ○ ja ○ nein

Male die Federn rot, gelb und grün.
Male die Flügel braun.

Male dem Kaninchen einen Apfel
und eine Gurke zum Knabbern.

Male Körner für die Hühner.
Ein Mädchen wirft ihnen die Körner hin.

Male hinter den Zaun zwei Bäume.
Male Äpfel in die Zweige der Bäume.

Lies genau und …

Auf dem Bild siehst du ein kleines Auto.

Male das Auto gelb und die Räder schwarz.

Links neben dem Auto steht ein dicker Baum.

Im Baum ist ein Vogelnest mit fünf Eiern.

Eine Leiter steht am Baum.

Neben dem Auto spielen zwei Kinder mit einem Ball.

Der Ball ist gelb und grün gestreift.

Ein Kind hat dunkle, das andere helle Haare.

Beide haben blaue Hosen an.

... male das Bild weiter.

Lies genau und beantworte die Fragen.

Feueralarm

Heute war in der Schule Feueralarm.
Alle Kinder mussten schnell nach draußen gehen
und sich auf den Hof stellen. Die Lehrerinnen
haben die Kinder gezählt. Zwei Erstklässler hatten Angst.
Aber es war ja nur eine Übung.

Schreibe auf, warum die beiden Erstklässler Angst hatten?

Was ist das?

Man kann sie essen. Sie sind klein und rund
und schmecken süß. Sie haben eine dicke orange Schale.

    ○ Birnen   ○ Banane   ○ Mandarinen

Sie sind an deinem Kopf. Du brauchst sie nicht zum Essen,
nicht zum Sehen, aber zum Hören.

    ○ Ohren   ○ Augen   ○ Mund

Es sind Haustiere. Sie können gut klettern und
haben spitze Krallen. Sie fangen Mäuse und Vögel.

    ○ Hund   ○ Hamster   ○ Katzen

Richtig oder falsch?

	richtig	falsch
Eine Brezel muss man mit einem Löffel essen.	○	○
Vögel fressen gern kleine Steine.	○	○
Im Wald leben viele verschiedene Tiere.	○	○
Im Winter zieht man eine Jacke an.	○	○
Aus Apfelkernen kann ein Apfelbaum wachsen.	○	○
Elefanten sind größer als Ameisen.	○	○
Hunde haben Flügel und können fliegen.	○	○
Marmelade ist immer grün.	○	○

Streiche das falsche Wort durch.

Vögel haben Krallen   ~~Korallen~~ an den Füßen.

Sie haben keine Arme, dafür aber Flüge   Flügel .

Alle Vögel haben einen Säbel   Schnabel .

Er ist bei manchen Vögeln lang   bang und spitz.

Bei anderen ist er kurz   kalt und kräftig.

Vögel bauen im Frühling ein Fest   Nest .

Sie legen Eier   Eimer und brüten sie aus.

Aus den Eiern schlüpfen keine   kleine Küken.

21

Lies genau und ...

Auf dem Bild siehst du ein Haus.

Male das Dach braun.

Male die Tür blau.

Male alle Fenster gelb.

Aus dem Schornstein kommt Rauch.

Am großen Fenster steht eine Frau.

An den kleinen Fenstern sind Blumen.

Vor dem Haus steht ein Auto.

Ein Mann kommt aus dem Haus.

... male das Bild weiter.

Lies genau und beantworte die Fragen.

Obstsalat für die Geburtstagsfeier

Lukas hat Geburtstag. Für seine Freunde
möchte er gerne Obstsalat machen.
Lukas schneidet Bananen, Kiwis und Äpfel.
Jetzt fehlen nur noch Mandarinen.
Lukas hat sie leider
beim Einkauf vergessen.

Macht Lukas den Obstsalat für seine Eltern?　　◯ ja　◯ nein

Schneidet Lukas Tomaten?　　◯ ja　◯ nein

Was ist das?

Nachts sieht man ihn am Himmel. Er ist manchmal rund, manchmal halb und manchmal gar nicht zu sehen.

○ Mond ○ Sonne ○ Stern

Man kann sie nicht sehen. Sie ist immer um uns herum. Sie ist manchmal kalt und manchmal warm. Wir atmen sie.

○ Licht ○ Sonne ○ Luft

Sie ist in der Schule. Sie ist an der Wand befestigt. Die Lehrerin oder die Kinder schreiben darauf mit Kreide.

○ Heft ○ Tafel ○ Buch

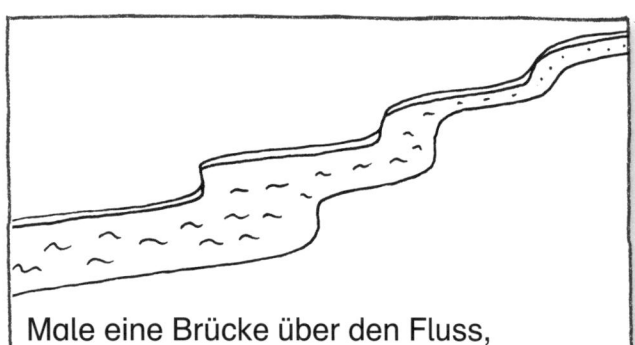

Male eine Brücke über den Fluss,
zwei Tannenbäume und ein kleines Haus.

Male neben den Tisch einen Stuhl,
einen Papierkorb und einen Fußball.

Male auf den Berg einen Turm
und in den Himmel zwei Vögel.

Male den Becher auf einen Tisch,
daneben eine Flasche und einen Teller.

Was ist das?

Er lebt im Wasser. Er hat Schuppen am Körper und bewegt sich mit seinen Flossen.

○ Frosch   ○ Fisch   ○ Wurm

Er lebt unter der Erde. Er ist lang und dünn. Er kann sich ringeln. Bei Regen kommt er hervor.

○ Schnecke   ○ Maulwurf   ○ Regenwurm

Es gibt sie in der Schule und zu Hause. Darin können Buchstaben, Wörter und Geschichten mit Bildern sein.

○ Bücher   ○ Hefte   ○ Stifte

Lies genau und beantworte die Fragen.

Der Bleistift

Luisa kann ihren Bleistift nicht finden.

Sie hat schon den ganzen Tisch abgesucht.

Sogar auf dem Boden hat sie nachgesehen.

Da ruft Pedro: „Hier ist er ja!"

Der Bleistift war vom Tisch gefallen

und lag unter seinem Stuhl.

Wo lag der Bleistift? _____

Wer hat den Bleistift gefunden? _____

Richtig oder falsch?

	richtig	falsch
Rosen können nur am Nordpol wachsen.	○	○
Einen Schneemann baut man aus Kaffee.	○	○
Manche Menschen brauchen eine Brille.	○	○
Bei Regen fallen Töpfe vom Himmel.	○	○
In Deutschland muss man Englisch sprechen.	○	○
Ostereier muss man mit Salz und Pfeffer essen.	○	○
An einem Kirschbaum wachsen Kirschen.	○	○
In der Schule lernt man schwimmen.	○	○

Welchen Beruf haben diese Leute?

Er sitzt im Bus am Steuer, man kann auch bei ihm bezahlen.

○ Schuster   ○ Busfahrer   ○ Maler

Sie erklärt den Kindern alles in der Schule und gibt Noten.

○ Lehrerin   ○ Kassiererin   ○ Verkäuferin

Sie macht den Fußboden, die Tische und die Fenster sauber.

○ Gärtnerin   ○ Schneiderin   ○ Putzfrau

Er untersucht Kinder und schreibt ein Rezept für Medizin.

○ Autohändler   ○ Koch   ○ Arzt

Male dem König
eine Krone. Male den Mantel rot.

Der Kaktus ist grün und hat vier Blüten.
Er steht auf einem Tisch.

Male neben das Krokodil einen See.
Im See schwimmt ein kleines Boot.

Male die Schildkröte grün und braun.
Sie frisst gerade Salat.

Streiche das falsche Wort durch.

Das Haustier braucht viel [Pflege] [~~Fliege~~] .

Man muss regelmäßig den [Stuhl] [Stall] sauber machen.

Das Tier braucht auch immer [falsches] [frisches] Wasser.

Es darf nicht alles [fressen] [fassen] .

Manchmal wird das [Tor] [Tier] auch krank.

Dann [gehst] [stehst] du mit deinem Tier zum Tierarzt.

Er gibt dem Tier meistens eine [Medizin] [Meisterin] .

Dann wird es schnell [weiter] [wieder] gesund.